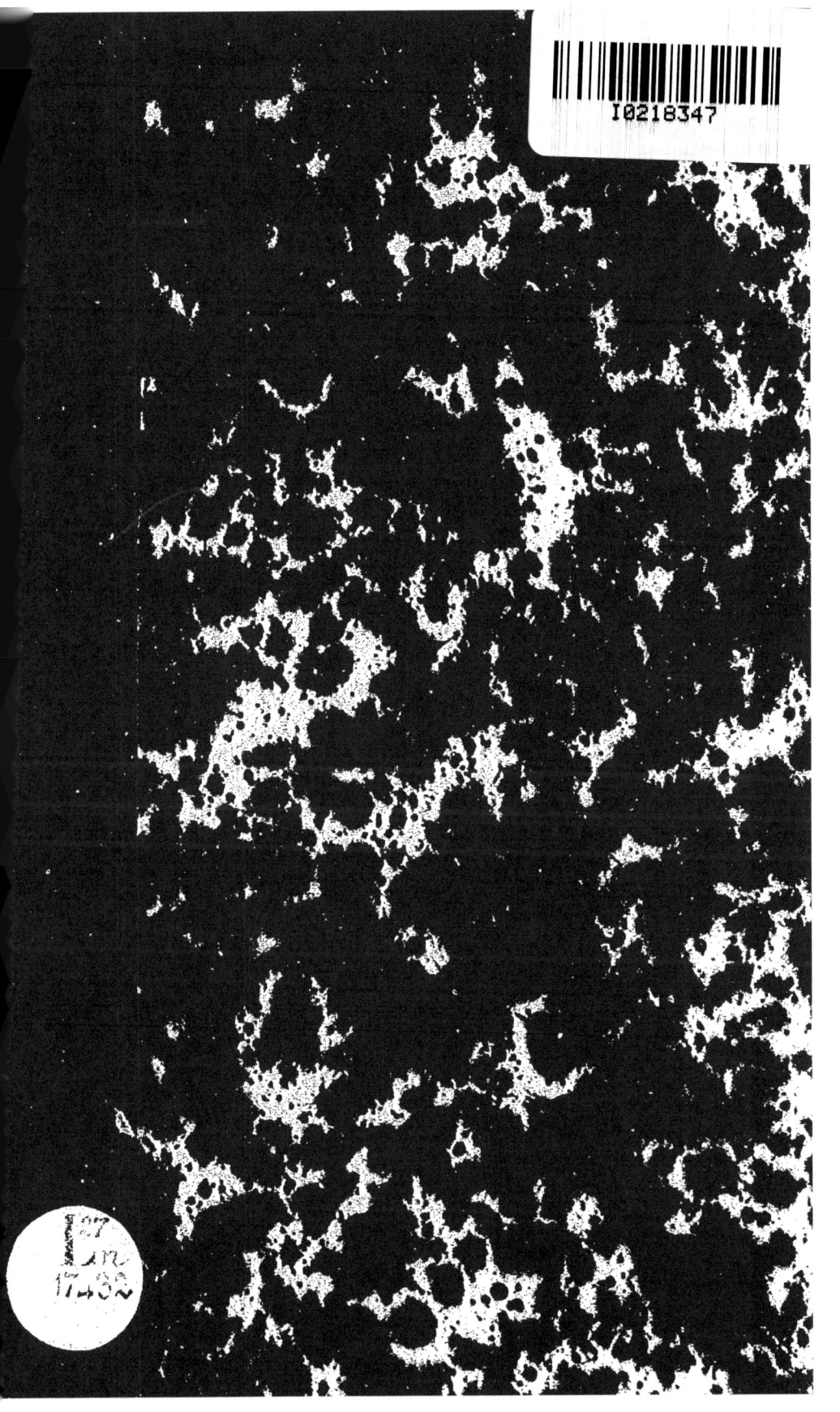

LE GÉNÉRAL DE RICHEMONT.

LE GÉNÉRAL
DE RICHEMONT.

LA FIN DU DIX-HUITIÈME SIÈCLE; LA PREMIÈRE
MOITIÉ DU DIX-NEUVIÈME.

1770 — 1853.

PAR LE MARQUIS E. DE MONTLAUR.

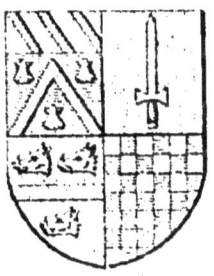

MOULINS,
IMPRIMERIE DE C. DESROSIERS.
—
MDCCCLIX.

LE
GÉNÉRAL DE RICHEMONT [*].

LA FIN DU DIX-HUITIÈME SIÈCLE; LA PREMIÈRE
MOITIÉ DU DIX-NEUVIÈME.

1770 — 1852.

I.

Si les diverses nations de l'Europe ont toutes des chefs-d'œuvres littéraires dont elles sont fières à juste titre, dont elles se parent avec un légitime orgueil, il n'en est peut-être pas qui, au point de vue de l'histoire, soient aussi riches que la France, et puissent présenter aux curieux, aux érudits, une série aussi complète de documents sur les siècles qui nous

(*) Moulins, imprimerie de Desrosiers, 1858; — MÉMOIRES du général Camus baron de Richemont, publiés pour sa famille et ses amis.

ont précédés, depuis le Moyen-Age jusqu'à nos jours. Ce filon précieux avait été négligé jusqu'ici ou laissé dans l'abandon ; on passait outre sans remarquer les parcelles d'or pur qu'il contenait. Ce sera l'honneur de notre époque, d'avoir donné une vive impulsion aux travaux historiques, de s'être entourée de toutes les preuves, d'avoir interrogé tous les monuments qui parlent du passé, ruines croulantes ou parchemins à demi effacés, la pierre ou le livre, d'avoir puisé à toutes les sources, d'avoir surtout tiré de l'oubli où ils étaient ensevelis les auteurs de Mémoires, en secouant dans les bibliothèques la poussière qui les recouvrait. Et cependant, quels attachants et sympathiques écrivains que ces hommes qui, après avoir pris part aux événements terribles et confus de leur siècle, fatigués d'une longue vie, se reposaient le soir, en retraçant toutes ces grandes scènes, dans lesquelles ils avaient été acteurs presque toujours, ou qui, du moins, s'étaient déroulées devant eux. Leur plume est inhabile quelquefois, mais elle est sincère toujours. Ils écrivent d'ordinaire sans arrière-pensée, sans songer qu'ils seront lus. Ils sont énergiques et colorés. Ils ont déposé, de la veille seulement, leur rude épée, et sous l'écrivain improvisé on sent battre le cœur du soldat. L'époque où ils ont vécu vit et palpite dans ces pages où ils se racontent eux et leurs contemporains.

Avant de les lire, on n'avait qu'une idée vague et très-souvent fausse des hommes et des choses. Les historiens de profession, dans leurs froides et incomplètes analyses, s'étaient bornés à raconter les conflits des peuples entre eux, les décisions des souverains, la marche difficile à saisir des idées ; avec eux, on pénètre plus avant, on touche du doigt les causes, on sait les ardentes ou misérables passions qui ont fait éclater les révolutions, brisé la fortune de telle nation, élevé cette autre à sa place; tout s'éclaire; les ténèbres où l'on s'égarait sont dissipées, le jour se fait dans les esprits qui hésitaient encore ; on a enfin la solution du problème historique qu'on désespérait de résoudre. Ils vous mettent le fil dans la main pour vous conduire sûrement dans cet obscur labyrinthe où l'on s'était engagé sans pouvoir trouver d'issue. C'est dans les écrivains de Mémoires qu'il faut lire l'histoire de notre pays ; eux seuls sont des guides sûrs ; j'ajoute qu'eux seuls intéressent et captivent vivement l'attention. Comme dans un drame, on voit défiler les personnages dont on ne connaissait jusqu'alors que les noms ; ils ne viennent pas poser devant le spectateur dans le costume de fantaisie dont les a habillés plus tard le caprice de l'historien ; les voilà bien tels qu'ils étaient, avec leurs vertus singulières qui leur ont fait atteindre les hauts sommets, avec les vices qui les ont perdus. Vous les voyez agissant, trébuchant au détour de ce chemin, ne cachant aucune de leurs faiblesses, marchant avec leur temps, partageant ses erreurs ou ses croyances ; vous touchez le ressort qui les faisait mouvoir. Ils sont moins grands peut-être, mais à coup sûr plus vrais ; ce ne sont plus des f... mes passant devant vos yeux sans laisser de tra... t bien des hommes en chair et en os, et quan... sortis de la scène, leur rôle achevé, vous ... ouvez cette fois l'empreinte de leurs pas sur le sol.

Comment comprendre le XVe siècle et ses souffrances, si l'on n'a pas feuilleté les pages du *Bourgeois de Paris*, si l'on n'a pas senti, comme lui, ses yeux se gonfler de larmes à la vue de cet amas de misères sous lequel la France est accablée, si l'on n'a pas senti, comme lui, dans sa chair, ces tortures auxquelles l'humanité est en proie? Quels peintres plus fidèles et plus brillants des Valois, que l'Estoile et Brantôme? Philippe de Comynes a vu crouler sous les coups de son maître la féodalité, représentée par Charles-le-Téméraire. Il était là. On fait les campagnes d'Italie avec Fleuranges; on assiste avec du Bellay à la rivalité sanglante de Charles-Quint et de François Ier, sollicitant l'un et l'autre l'appui de Henri VIII. Lanoue nous fait pénétrer dans les desseins mystérieux de la fille des Médicis et de Charles IX. Sully et Palma Cayet ont connu Henri IV. Vous le retrouverez chez eux avec ses allures hardies, son habileté voilée sous des dehors de bonhomie, et les vastes projets qu'il médite. Blaise de Montluc, d'Aubigné et le duc de Rohan expliquent les guerres de religion et le grand mouvement de la Réforme, comme Joinville expliquait les Croisades et cette invasion de l'Orient par l'Occident au nom de l'idée religieuse. Le cardinal de Retz, Guy-Patin, la duchesse de Nemours, Mme de Motteville et Mlle de Montpensier ont raconté, de façon à passionner les natures même les plus distraites, les folles journées de la Fronde et de la Régence d'Anne d'Autriche. La Royauté enfin, arrivée au but qu'elle avait assigné à ses efforts, après avoir renversé tous les obstacles et imposé silence à toute rumeur, n'échappera pas à quelqu'un de ces implacables chroniqueurs qui l'observent en silence et qu'elle ignore ; qui notent chacune de ses démarches et sont attachés à ses pas, comme le bourreau masqué à la royale victime de White-Hall. Et voyez l'étrange et heureuse rencontre : il se trouve que l'un de ces historiens au jour le jour, que l'un de ces portraitistes de hasard, en laissant courir son pinceau sur la toile, est tout simplement le plus admirable écrivain du XVIIe siècle, qui cependant a eu Labruyère, Racine, Bossuet et Fénélon. Il se trouve que ce rude chroniqueur, qui s'appelle le duc de Saint-Simon, est aussi le plus complet historien de Louis XIV et de son temps. Ces cinquante années lui appartiennent ; et quiconque n'a pas étudié d'un bout à l'autre son formidable réquisitoire, ne connaît que la surface de ce règne si éclatant, et se sent saisi d'un profond étonnement aux premiers moments de la Régence. Il ne peut comprendre que cet ordre que rien ne semble troubler ait enfanté cette sombre anarchie ; que cette lutte contre les idées conservatrices ait succédé presque sans transition à cette gravité respectueuse dont le règne qui vient de finir avait paru ne pas s'écarter un instant. Qu'on lise Saint-Simon, et l'étonnement cesse. Les masques sont arrachés ; la splendide décoration de Versailles disparaît comme au coup de sifflet aigu du machiniste, pour ne laisser voir qu'une société déjà en dissolution et se courbant devant cette nouvelle majesté de l'argent — *sanctissima divitiarum majestas* — dont parle le satirique latin. Le voile est tombé, et, douloureuse surprise ! la statue du grand roi, c'est-à-dire de la monarchie, se montre mutilée et vacillante sur son piédestal.

Le XVIIIe siècle est à l'œuvre ; il y va de si bon cœur, avec un tel emportement, avec une si inconcevable frénésie, et comme un homme en délire qui a hâte de faire crouler sa maison sur sa tête, que bientôt tout sera par terre. L'écroulement sera si complet qu'il n'y aura pas même un coin de l'édifice royal qui se tienne debout encore comme une ruine menaçante. Les Mémoires nombreux qui existent sur ce demi-siècle, ceux de la duchesse d'Orléans comme ceux de l'avocat Barbier, permettent de suivre, heure par heure, en quelque sorte, le travail de désorganisation sociale auquel chacun met la main. Lorsque la princesse Palatine, cette Allemande au langage cynique, que son rude bon sens avertit de l'avenir réservé à sa race, écrit ces quelques lignes : « c'est une sombre époque « que la nôtre ! on n'entend parler que de vols, de « meurtres, de vices de tout genre ; le diable a été dé- « livré de ses chaînes et règne dans l'air ! » et quelques pages plus loin : « Le jeu, le luxe et la dissipa- « tion sont arrivés à un point qui fait trembler ; » lorsque Barbier écrit de son côté, à propos de je ne sais quelle histoire d'homme assassiné, dont on avait fait cuire la tête : « On a pensé que c'était pour faire voir « que la misère était si grande qu'on se déterminait à « manger de la chair humaine ; » on comprend qu'il est impossible que les choses aillent longtemps de la sorte, et qu'un orage, que rien ne peut plus conjurer, est au moment d'éclater. C'en est fait de la monarchie ; les réformes nécessaires, glorieuses, la bonne foi des uns, le génie et l'énergie des autres, tout sera inutile. La Révolution, comme une trombe, va tout emporter dans sa marche. Où retrouver le caractère propre, la physionomie véritable de ces quelques années qui contiennent un siècle, de cette marche d'un peuple à travers l'inconnu, puis de cette halte effrayante entre le vieux monde écroulé et le nouvel ordre qui s'organise? N'est-ce pas encore dans les auteurs de Mémoires? Ils ont le secret de cette heure solennelle, et vous le diront si vous savez les interroger.

Les Mémoires sur le quart de siècle qui a précédé 1789, sur la révolution française et sur l'époque impériale sont aujourd'hui nombreux, et leur nombre tend encore à s'accroître. Les hommes éminents, à divers titres, qui ont traversé ces années si pleines de convulsions, de malheurs et de gloire, dont la vie a été plus ou moins mêlée à l'histoire de leur pays, n'ont pas voulu, pour la plupart, s'endormir dans la mort sans avoir dit leur pensée, sans avoir expliqué la part qu'ils avaient prise aux événements contemporains. La génération actuelle se sent attirée et comme fascinée par ce grandiose spectacle de la Révolution; elle veut tout connaître et ne se lasse pas d'interroger. En proie à de douloureuses incertitudes, appelée à rendre sur ce grand mouvement social un jugement définitif pour la postérité qui se presse déjà derrière elle, elle accueille avec un louable empressement tous ceux qui viennent l'entretenir de l'objet de ses méditations continuelles.

Pour rendre aux divers personnages qui ont figuré dans cette héroïque tragédie ce qui leur revient à chacun, pour laisser la responsabilité du sang versé aux vrais coupables et relever la mémoire des victimes que la calomnie s'était plû à noircir, pour apprécier comme elles méritent de l'être les conquêtes politiques qui datent d'alors, pour payer un juste tribut d'éloges à ce merveilleux réveil des âmes qui a suivi les tristes jours du Directoire, la génération à laquelle nous appartenons ne saurait s'entourer de trop de témoignages. Quiconque se présente à elle, son livre à la main, est le bienvenu. Il n'y a pas, en effet, un seul de ces livres qui ne contienne quelques détails négligés jusque-là, qui ne jette un rayon de lumière inattendue sur des faits ignorés ou mal connus. Ce n'est qu'en s'aidant de cet ensemble déjà imposant de preuves que, dans un demi siècle, lorsque toutes les passions seront apaisées, on pourra enfin retracer l'histoire de la fin du XVIIIe siècle et des quinze premières années du XIXe. Les Mémoires du général baron de Richemont qui viennent d'être publiés à Moulins, pour sa famille et ses amis, dans cette province du Bourbonnais qu'il a illustrée, où fut son berceau et qui garde sa tombe, devront être consultés et le seront avec fruit. Le sort a voulu, en effet, que pendant son utile et brillante carrière, le général de Richemont fut entraîné loin du Continent, aux Iles Ioniennes d'abord, dans nos colonies ensuite, et qu'il y portât d'une main ferme le drapeau de la France. On visite à sa suite des champs de bataille dont le nom ne nous était guère familier, et que les grandes guerres continentales avaient trop fait oublier ; on recueille dans ces pages émouvantes des traits d'héroïsme que notre pays doit être heureux d'enregistrer. Ces Mémoires sont donc appelés, nous le croyons, dans l'avenir, à un véritable succès, et nous nous féliciterons d'avoir été un des premiers à les signaler.

II.

Le général Camus baron de Richemont est né à Montmarault, le dernier jour de l'année 1770. Sa famille était originaire de Bretagne. Vers la fin du XV° siècle, un Camus de Pontcarré fut envoyé en mission dans la province de Bourbonnais, y acheta la terre de Montbrien et s'y fixa. C'est à cette branche qu'appartient l'auteur des Mémoires. Les divers rameaux de ce tronc nouveau qui avait pris racine si loin de la vieille Armorique, se sont distingués par des noms de fiefs; de là le nom de Richemont. Les deux branches de Bretagne et de Bourbonnais n'en avaient pas moins conservé d'intimes relations jusqu'en 1789, jusqu'à ce moment où l'orage, en éclatant, brisa tous les liens, interrompit violemment les rapports entretenus avec un soin pieux, et légua l'oubli de la famille à la jeune génération qui grandissait.

Le père du général était un homme austère, d'une haute intelligence, profondément instruit, parlant avec une rare facilité en public, jugeant bien et vite. Avec ces qualités naturelles et acquises, il avait bientôt exercé un sérieux ascendant dans l'Assemblée provinciale du Bourbonnais, dont Louis XVI l'avait nommé membre. Les pays d'Etat, on le sait, avaient eu de bonne heure des assemblées semblables. L'Assemblée provinciale du Bourbonnais ne fut constituée qu'à la veille de 1789; Monseigneur de Latour la présidait; MM. Destutt de Tracy, de Douzon, de Monteynard et l'abbé de Sept-Fonts en faisaient partie. Toutes ces

Assemblées n'exercèrent que peu d'influence. Les événements marchaient avec trop de rapidité et les emportèrent. Paris déjà était la France. M. de Richemont père, tel que nous le retrace son fils, ressemble à l'un de ces beaux portraits de Largillière, figures fières et sérieuses, gardant l'attitude du commandement, et que l'habile peintre a rendues avec une finesse et un bonheur incomparables. Il avait épousé Mlle de Fréminville, dont le père avait acquis comme jurisconsulte une grande et légitime réputation. Ses commentaires savants sur les coutumes étaient consultés avec fruit dans tous les Parlements. Il appartenait, lui aussi, à une très-ancienne famille ; son ancêtre, Odon de Fréminville, s'était illustré sous Louis XI. La grand'mère du général était une demoiselle de Réclesne, famille originaire d'Autun, et qui depuis près de trois siècles s'était fixée dans la province ; de ce côté, il tenait aux Thiars, aux Chabrillant, aux Damas, aux Champagny-Cadore, aux Chatellux et aux Rambuteau. De nombreux enfants étaient nés du mariage avec Mlle de Fréminville ; six survécurent : quatre garçons et deux filles.

Il y avait alors sur la frontière de l'Auvergne et du Bourbonnais une école militaire célèbre, qui fut remplacée sous le Consulat par l'école de Fontainebleau, et peu après par l'école de Saint-Cyr ; c'était l'école d'Effiat. Fondée par le maréchal d'Effiat, père de Cinq-Mars, le brillant favori de Louis XIII et la victime du vindicatif cardinal, elle avait pris depuis sa fondation une grande extension. Le maréchal y avait réservé pour ses héritiers le droit d'y faire entrer un certain nombre d'élèves ; le Gouvernement l'avait agrandie en prenant l'institution à sa charge, et y avait créé de nombreuses bourses; presque toutes les provinces y avaient des représentants pris parmi les principales familles. On y recevait une éducation avant tout militaire ; mais la littérature, l'histoire, les sciences mathématiques n'y étaient pas, tant s'en faut, négligées ; on y recevait, en un mot, l'éducation classique des colléges de l'Université, à côté de l'instruction militaire nécessaire aux jeunes gens qui sortaient de là avec un grade dans l'armée. L'école d'Effiat a produit des hommes qui ont tenu un rang élevé, soit dans les armes, soit dans la diplomatie, soit dans la politique ; j'en citerai deux seulement, le général Désaix et M. de Barante.

Le monumental château d'Effiat, devenu une école militaire, assis dans une riche plaine à l'entrée de la vaste forêt de Randan, but de promenade le mercredi, jour de congé, renfermait environ quatre cents élèves. Aux études désignées plus haut, on avait joint les langues anglaise et allemande, et les arts d'agréments. Chaque année, le sous-gouverneur de l'école centrale de Paris et un délégué de l'Université venaient présider aux examens, et des récompenses importantes, d'où pouvait dépendre tout l'avenir d'un jeune homme, étaient accordées aux élèves les plus distingués.

La salle d'armes, comme on le pense bien, n'y était jamais vide. M. de Richemont, qui se plaît à revenir avec le doux sourire du vieillard sur ses jeunes années et sur l'organisation de cette école aujourd'hui disparue, rapporte une visite à Effiat de M. de Narbonne, qui, après avoir été l'un des derniers ministres de la Mo-

narchie, devait devenir l'ambassadeur et le confident
du vainqueur d'Austerlitz et mourir si misérablement
à Torgau. Une plume habile, celle de M. Villemain, a
raconté tout récemment cette existence si aventureuse,
et nous a fait aimer l'homme en nous dévoilant les rares
qualités de son cœur et de son esprit (1). A l'époque de
sa visite à Effiat, M. de Narbonne était dans tout son
éclat, il avait 22 ans, il était colonel, et accompagnait
à Vichy Mesdames de France. Effiat était tout près, et
Mesdames Adélaïde et Victoire y vinrent plusieurs fois.
Le brillant colonel entrait alors dans la salle d'armes,
et prenant un fleuret, croisait le fer avec ses jeunes
amis. Il trouvait quelquefois des mains plus exercées
que les siennes ; le jeune Richemont surtout était
renommé pour son adresse à tous les exercices du
corps, et triomphait aisément. Au siége de Dantzig,
bien des années après,— et quelles grandes et terribles
choses accomplies dans l'intervalle, quel bouleversement de l'Europe, que de sang mais aussi que de
gloire ! — les deux camarades d'un jour se retrouvèrent, et l'ancien ministre, jouissant de la pleine
faveur impériale, rappelait à l'ancien élève d'Effiat,
alors colonel, à son tour, les assauts de la salle d'armes
de l'école militaire ; puis, avec cette grâce qui exerçait
chez lui une véritable fascination : « L'Empereur, lui
disait-il, a pour vous une estime toute particulière.
Vous êtes haut placé dans son esprit. » M. de Narbonne mourut à temps ; il avait signalé à son premier
maître les dangers qui le menaçaient, et n'avait pas été

(1) Villemain. — *Souvenirs contemporains.*

écouté ; il ne devait pas voir la chute déjà prochaine du second.

Le territoire d'Effiat était compris dans le duché de Montpensier, appartenant au duc d'Orléans. Un jour, M. de Latouche, chancelier du prince, se présenta à l'école. Pour lui donner une idée des travaux littéraires auxquels on se livrait, on récita devant lui un petit conte, intitulé : *Irus ou le mendiant*, dont le futur général était l'auteur ; les applaudissements de tous et les félicitations du représentant du duc d'Orléans saluèrent son œuvre facile et gracieuse. Peu de temps après, un visiteur plus illustre, qui venait passer quelques jours à Vichy, parut à l'école, c'était le comte de Provence. Il y resta deux jours, se faisant rendre compte des méthodes d'enseignement qu'on y suivait, interrogeant lui-même, se plaisant, avec cette coquetterie qu'il conserva vieillard sur le trône, à jeter çà et là, à propos, quelques citations d'Horace, son auteur favori.

En partant, il choisit quatre élèves pour être attachés à sa personne, en qualité de pages. M. de Richemont fut un des quatre, et tout enivré de son succès inattendu, il partit quelques mois après pour Paris, emportant une petite bourse de vingt-cinq louis, que sa mère avait fait coudre dans la doublure de son habit, et huit écus de six francs dans sa poche. — Il était entré tout enfant à Effiat, à l'âge de huit ans, il en sortait à l'âge de quinze ans, jeune homme et rempli d'ardeur.

L'avenir lui souriait ; il avait foi dans ses promesses. Il lui apparaissait comme un rêve enchanté, comme une de ces magiques décorations du ballet de *Télémaque*, à l'Opéra, où son oncle, M. de Fréminville, le conduisait à son arrivée à Paris, et avant son entrée à l'école. M. de Fréminville avait été trésorier-général de l'hôtel des Invalides, et était très-lié avec M. le duc de Choiseul. Sans enfants, il avait conservé ses nièces auprès de lui en les mariant, et avait su se faire un de ces salons recherchés, où l'on est fier d'être admis et où se forment ces longues et solides amitiés que le temps ne peut rompre. M. de Sombreuil était un des plus assidus ; sa fille l'accompagnait. Qui eût dit alors à cette jeune fille, presque une enfant, insouciante de sa destinée, et qui la voyait sans doute facile et riante, les épreuves terribles du lendemain, et la gloire qui allait s'attacher dans une heure sanglante à son nom !

Bien d'autres que le jeune élève de l'Ecole militaire croyaient, eux aussi, aux sourires de l'avenir, et saluaient d'un cri joyeux cette transformation sociale qui allait régénérer le pays. Quels obstacles inattendus pouvaient empêcher les généreuses théories d'être mises en pratique ? De nouvelles lois, justes, reconnues utiles par tous les esprits sérieux, en rapport avec les besoins nouveaux, donnant satisfaction aux instincts d'égalité que le mouvement philosophique du dernier règne avait fait grandir et fortifiées, réformeraient les mœurs et rendraient aux âmes leur virilité. Les hommes éloquents, érudits, habiles, habitués déjà à la vie parlementaire, ne manquaient pas, et le gouvernail serait en des mains qui sauraient le manier en évitant les écueils. Le prince honnête, vertueux, qui occupait le trône, abandonnant une partie de son pouvoir, secondait loyalement tous les efforts. La cause américaine avait rallié toute la brillante jeunesse d'alors qui, sur les pas de Lafayette, se précipitait de l'autre côté des mers à l'appel de Washington. Elle en revenait imbue de principes qui auraient facilité le passage du régime de la monarchie absolue à celui des gouvernements représentatifs. Jamais début d'un règne, jamais fin de siècle, à considérer toute cette ardeur féconde, tout ce juvénile enthousiasme, ne s'annoncèrent sous de plus heureux auspices. Mais bientôt les malentendus commencèrent, et la lutte s'engagea, ardente, implacable. Parmi tous ceux qui montaient si hardiment à l'assaut la veille, combien qui déjà, ouvertement ou plus prudemment, Mirabeau ou Sieyès, par exemple, cherchaient à arrêter le mouvement, voyant l'abîme au-dessous d'eux et la foule énivrée de ses propres cris qui les y poussait? Quant aux purs partisans des idées anglaises, poursuivant l'équilibre des pouvoirs, ils se voyaient dépassés, foulés aux pieds, et sentaient leur cause perdue. Les réformes n'étaient plus possibles; la Révolution était commencée. Qu'auraient pu, en effet, Mounier et les Anglicans, quand la lutte était déjà, au fond, — tant on avait marché vite, — entre les Girondins et les Montagnards, et l'année suivante, entre Danton et les Robespierre! quand déjà l'emportement des haines montrait distinctement 93 derrière le voile plus qu'à demi-soulevé de 89! quand le 22 juillet, le sang de Foulon et de Berthier faisait trop prévoir le 21 janvier et les massacres de septembre! Le court espace de temps pendant lequel la Révolution pouvait être conjurée, pendant lequel les cœurs avaient pu et dû croire fermement à l'union et à la pacification des partis, à l'organisation définitive d'une nouvelle société, ce court laps de temps, si plein de profondes espérances, et dont le XVIII° siècle aurait le droit de s'enorgueillir, avait été rapidement franchi; les passions seules, dans ce qu'elles ont de plus venimeux, étaient écoutées, et les scènes douloureuses, les scènes sanglantes, qui ont fait reculer les plus fermes apôtres de la liberté, devenaient inévitables. Une sombre inquiétude gagnait tous les esprits; enfants, vieillards, chacun avait le pressentiment de ce gigantesque écroulement que tant de signes annonçaient. Le 18 février 1790, le marquis de Favras venait de mourir, livré par celui-là même qui aurait dû le défendre (1).

La pression démagogique devenait chaque jour plus grande. Un matin, le page du comte de Provence apprit que ce dernier, effrayé de la sombre tournure des événements, et compromis dans ce procès, énigme sanglante dont la postérité n'aura jamais le mot, venait de quitter la France; l'émigration commençait. Ce n'est pas ici le lieu d'apprécier cette mesure politique, adoptée avec une légèreté imprudente, sans se rendre

---

(1) On peut lire sur la vie et la fin du marquis de Favras, (Thomas de Mahy), un très-curieux travail de M. Alexis de Valon, publié dans la *Revue des Deux-Mondes* (1851), d'après des documents inédits. Ces intéressantes recherches sur l'un des épisodes mystérieux qui ont ouvert la Révolution, montrent tout ce que l'on était en droit d'attendre du jeune écrivain, déjà connu par des œuvres d'imagination, pleines de grâce et de finesse, et que la mort a si brusquement frappé en plein bonheur.

bien compte du but qu'on se proposait, et dont les résultats furent incalculables ; de rechercher si, pour plusieurs, lorsque l'orage fut dans toute sa violence, elle ne fut pas une nécessité et comme le seul moyen d'échapper à l'échafaud. Aujourd'hui, à quelque point de vue qu'on se place, l'émigration est jugée, elle fut une faute. Elle fit du prince qu'on voulait servir un chef de conjurés ; par cette accusation qui plana dès le début sur elle, d'appel à l'étranger, elle fut frappée d'impuissance. Irritant les colères populaires, elle fit la fortune des tribuns, leur créa un rôle facile, leur mit en mains un pouvoir redoutable et sans bornes, dont ils se servirent pour assurer leurs vengeances ou leurs convoitises.

C'est ainsi que pensait déjà, à la fin de 1790, et s'exprimait le père du général, dans sa modeste retraite, d'où il jetait un triste et pénétrant regard sur l'avenir de son fils ; avenir que les événements avaient si brusquement arrêté dès les premiers pas. Cependant, généreusement doué comme il l'était, l'ancien page de Monsieur ne pouvait se laisser vaincre par la destinée contraire ; les chances avaient tourné ; à force de courage, il fallait se rendre la fortune favorable et lutter au besoin courageusement avec elle.

Il quitte Paris, volcan en ébullition, accourt en Bourbonnais, vers *cette sainte maison paternelle*, comme il dit, où il venait chercher de sages conseils et puiser de nouvelles forces pour les combats qu'il allait avoir à soutenir. Il y rencontre l'abbé Delille, déjà à peu près aveugle, et qui racontait avec une grande vivacité de gestes et d'expression, son voyage dans l'Asie-Mineure

avec M. de Choiseul-Gouffier. Le jeune homme, bien entendu, ne perdait pas un mot des conversations du poète déjà célèbre et dont chacun savait les vers, et il se rappelait plus tard les descriptions du chantre quelque peu oublié aujourd'hui, du poëme de l'*Imagination*, lorsqu'il parcourait, lui aussi, ce même archipel, non pas à la suite d'un ambassadeur, mais en versant son sang presque jusqu'à la dernière goutte, et pour défendre l'honneur du drapeau de la France. Quelques mois après, il passait un examen devant l'académicien Vandermonde, obtenait le grade de sous-lieutenant du génie, et entrait à l'école de Metz.

Le même jour, son frère Adolphe était reçu à l'école d'artillerie de Châlons.

La France avait jeté un sanglant défi aux nations du Continent. La Révolution cependant avait désorganisé l'armée, aussi le Gouvernement s'empressa-t-il de puiser, sans attendre la fin des études, dans les écoles spéciales, où il était sûr de trouver les officiers qui lui manquaient. Une année ne s'était pas encore écoulée, et le nouveau sous-lieutenant quittait Metz pour se rendre à l'armée du Rhin. Le général Kléber commandait l'armée qui avait investi Mayence. Ce fut un rude début ; chaque jour des rencontres très-meurtrières éclaircissaient les rangs des assiégeants. Dans l'un de ces combats partiels, il vit tomber à ses côtés et emporter comme mort, un de ses camarades, déjà chef de bataillon, frappé de deux balles. Il n'en mourut pas et guérit promptement; il avait tant d'autres champs de bataille à parcourir ! C'était le futur prince de la Moskowa. Un matin, le lieutenant du génie à qui l'on avait confié un détachement de mineurs, et qui avait été chargé de faire sauter le fort de Rheinfels, vit arriver auprès de lui un des représentants de l'Assemblée nationale en mission. Ce représentant n'était autre que Cavaignac. Peu s'en fallut que l'explosion de la mine ne le couvrît d'énormes blocs de pierre, qui vinrent tomber à ses pieds. Plus tard ils devaient faire ensemble la traversée de Brest à Pondichéry et à l'Ile-de-France. Il le revit encore en 1814, au retour de Dresde; le père du futur chef du pouvoir exécutif de 1848 arrivait alors de Naples, où il avait été directeur général des domaines sous Joseph et Murat. Il avait avec lui ses deux jeunes fils. Qui eût pu prévoir alors, à cette heure suprême, où l'établissement impérial croulait de toutes parts avec bruit, au Nord comme au Midi, et où la Restauration allait reprendre les traditions du passé, le sort réservé à l'un d'eux? Flux et reflux des destinées humaines, qui se gonflent tout à coup pour retomber l'instant d'après en écume, comme les vagues d'une mer soulevée par les vents irrités!

Entré à Manheim, défendu par un corps peu considérable, il eut bientôt à éprouver toutes les rigueurs du siége dont Klairfait commandait les opérations. Deux bombes tombant sur un magasin à poudre et ouvrant une brèche énorme, rendirent la défense impossible. Il fallut songer à se rendre; la garnison fut dispersée sur divers points de la Franconie et dut prendre l'engagement de ne pas servir jusqu'à ce qu'un échange de prisonniers fut conclu. Dans cette première campagne, où il avait cependant si hardiment payé de sa personne, la fortune ne l'avait pas favorisé. Il avait été fait prisonnier; heureusement pour lui, on le laissait libre sur parole. Cette chance mauvaise qui, dès le début, venait de se déclarer contre lui, devait se reproduire avec une singulière persistance pendant tout le cours de sa vie; mais plus tard c'était la captivité avec toutes ses rigueurs qu'il aurait à subir, malgré l'héroïsme dont il sut faire preuve et des efforts inouïs restés impuissants. Il était alors dans toute l'ardeur de ses vingt ans, aspirant à pleins poumons le vent des passions. L'échange projeté entre les deux nations rivales ne se terminait pas; il en profita pour revoir sa famille.

Là, de douces et profondes émotions l'attendaient. Le vicomte de la Ferronays possédait, assez près de M. de Richemont, les terres de Boussac et de Sazeret; une longue intimité avait toujours existé entre les deux familles, si bien qu'en mourant, M. de la Ferronays désigna son ami pour être le tuteur de sa fille. Le jeune homme la vit; il passa de longues journées auprès d'elle, lui racontant les dures épreuves qu'il venait de subir. On s'habituait à le voir assis là, à ce foyer dont la Révolution avait dispersé les hôtes habituels; on l'écoutait, on l'aimait déjà sans se l'avouer. Le dessin, la peinture, les courses dans les campagnes voisines, occupaient les journées; le soir, la musique abrégeait les heures; on avait d'abord parlé du passé, on commençait déjà à former des projets pour l'avenir; l'amitié allait faire place à un sentiment plus tendre. Ces deux jeunes cœurs s'étaient compris; ils se sentaient attirés invinciblement l'un vers l'autre. Mme de la Ferronays ne pouvait oublier que c'était aux sages conseils du loyal tuteur de sa fille, à son énergie, qu'elle devait la conservation de sa fortune ; elle laissait voir assez de quel prix elle était prête à payer la dette qu'elle avait contractée envers lui. Mais Mlle de la Ferronays se trouvait en possession d'une grande fortune ; celle de M. de Richemont, divisée entre ses nombreux enfants, était loin de pouvoir l'égaler ; il voulut remplir jusqu'au bout, dût-il être taxé de rigorisme et d'exagération, son rôle de tuteur, et il s'opposa à une union qui eût fait peut-être le bonheur de deux vies. Il crut avoir sa réputation d'honnête homme à sauvegarder de tout soupçon, et fut inexorable. Le jeune officier de l'armée du Rhin, aussi loyal que son père, serra une dernière fois cette main qui volontiers se serait oubliée dans la sienne, et partit, demandant aux distractions d'un long voyage , et bientôt après aux terribles émotions de la guerre, l'oubli qui, hélas ! envahit si vite le cœur de l'homme et cicatrise les plus profondes blessures. Deux ans après, Mlle de la Ferronays se mariait, et plus tard, femme heureuse et respectée de tous, accueillait comme un ami des anciens jours, n'ayant rien à effacer parmi les souvenirs du passé, celui dont elle avait pu apprécier les qualités si hautes, la loyauté et le dévouement. Arrivé à l'autre extrémité de sa vie, le vieillard est ému en racontant cet épisode de son jeune printemps. En posant, après soixante années, le doigt sur sa première blessure, il la sent encore frémir doucement, comme si le sang remontait jusqu'à ses lèvres fermées. Les pages où il raconte ce chaste et fugitif amour sont comme éclairées d'un doux rayon, et l'on se surprend presque à chercher la place où quelque larme furtive a dû tomber pendant qu'une main tremblante les traçait. Chacun avait fait son devoir et plus que son devoir peut-être, selon la morale un peu relâchée du monde; le père en refusant pour son fils un mariage qui devait combler ses plus hauts désirs, le fils en faisant taire sa passion naissante et préférant s'éloigner plutôt que de troubler un jeune cœur prêt à s'unir à lui.

M. de Richemont, répétons-le, est un de ces hommes profondément honnêtes qui, au milieu de la corruption si profonde du XVIIIe siècle, ne transigeaient jamais avec le devoir, incorruptibles gardiens de l'honneur de la famille, et chez qui l'intérêt n'étouffait jamais la voix de la conscience. Son fils cite quelques traits de lui qui le peignent tout entier. Un de ses amis avait un fils émigré; à la suite d'un engagement meurtrier, les nouvelles n'arrivent plus; la mort, on n'en peut guère douter, a frappé le malheureux jeune homme sur le sol étranger. Tout espoir est perdu. Le père avancé en âge, vient alors trouver M. de Richemont et lui remet un testament par lequel il l'institue son héritier, ajoutant que si, contre toute attente, son fils vit encore, il ne connaît pas de moyen plus sûr pour lui conserver sa fortune, que de la remettre entre des mains si pures. M. de Richemont est touché de cette marque si haute de confiance; mais il fait simplement observer à son ami qu'il a des parents, éloignés il est vrai, mais qui ne doivent pas être frustrés d'un héritage que les liens du sang leur attribuent; il prend le testament, et sans ajouter un mot, le déchire.

Telles étaient les graves leçons que trouvait au foyer

de la famille le jeune et brillant officier de la République. Il ne les oublia jamais un seul jour pendant tout le cours d'une vie noblement employée à servir son pays. Il partit donc un matin sans retourner la tête en arrière et regagna lentement les bords du Rhin, en traversant la Suisse.

M. Necker s'était retiré à Coppet, et l'on ne suivait guère alors les bords du lac de Genève sans s'arrêter pour saluer le ministre tombé, auteur de salutaires réformes, impuissantes à enrayer la marche des événements. On allait s'asseoir quelques instants dans son salon et échanger avec ce vieillard, dont les efforts avaient été si mal secondés, quelques paroles sur l'avenir probable du pays en proie aux empiriques et aux sanguinaires tribuns; paroles graves et tristes, mais qui ne laissaient percer aucun découragement personnel. On partait en regrettant que cette voix sévère n'eût pas été écoutée et comprenant que la France allait payer par de longues années de misères de toute sorte son ingratitude et son goût pour les aventures. On partait ébloui aussi par l'éloquence passionnée de sa fille, Mme de Staël, qui, moins résignée que M. Necker, supportait mal les tristesses du pouvoir perdu et cherchait l'oubli des maux de sa patrie adoptive dans ces travaux austères, dans ces peintures d'un cœur agité, qui allaient placer son nom si haut dans l'histoire littéraire du commencement du XIXe siècle.

Il y avait aussi un autre pélérinage auquel tous les jeunes voyageurs qui se rendaient en Suisse se gardaient bien de manquer; je veux parler de l'excursion obligée à Clarens et aux rochers de Meillerie. Toute

la génération d'alors avait lu la *Nouvelle Héloïse*; elle
savait par cœur les pages les plus ardentes de ce roman
qui avait enflammé les imaginations; roman faux et
déclamatoire, que peut-être personne d'entre nous aujourd'hui ne pourrait lire jusqu'au bout. Les noms de
Julie et de Saint-Preux étaient sur toutes les lèvres. —
Le cœur tout brûlant de cette passion qu'il comprimait
avec peine, le jeune Richemont s'en alla, lui aussi, après
avoir quitté M. Necker et *Corinne*, chercher les traces
des héros du rêveur de Genève, et pleurer de ces chau-
des larmes comme les yeux en versent à vingt ans. Un
ancien officier du régiment de Chateauvieux, ce régiment dont le souvenir est lié d'une façon si intime à la
journée du 10 août, l'accueillit sur le seuil du château
de Chillon et sourit en apprenant le motif qui amenait
le voyageur sous les murs du vieux donjon. Le prenant
par la main, il le conduisit à l'endroit où Julie, si l'on
en croit le romancier, se précipita dans les flots. Le
rude soldat ne comprenait guère, sans doute, cet enthousiasme pour les personnages fictifs, lui qui venait
d'écrire avec son sang une page d'histoire. Au reste,
on peut noter en passant, comme trait distinctif de
l'époque, l'influence croissante de Rousseau, son action
sur les esprits et comme moraliste et comme écrivain
politique. Ce que Voltaire, le seigneur tout-puissant de
Ferney, caressé par l'impératrice de Russie et le roi de
Prusse, ce railleur impitoyable, ce destructeur enjoué,
ce philanthrope à ses heures, avait été pour les vingt
années qui venaient de s'écouler, pour tout ce monde
léger, sensuel et impie, pour ces courtisans moqueurs
à la façon de M. de Maurepas, Rousseau l'était devenu

à son tour. Il l'emportait enfin par le sérieux de ses convictions, par la sombre ardeur de ses écrits, par son attitude d'apôtre, sur son heureux et brillant rival. Dès 89, les rôles étaient changés entre eux. Voltaire ne représentait plus que les instincts frondeurs d'une aristocratie dont les jours étaient comptés et que la main de Dieu châtiait rudement ; Rousseau représentait la démocratie, dont il avait salué la venue dans le monde.

Ce n'était pas le temps des molles rêveries. La guerre continentale se poursuivait avec ardeur ; elle ne devait plus cesser jusqu'à la fin de l'Empire. Moreau exécutait aux bords du Rhin, ayant en face de lui l'archiduc Charles, — un bien redoutable adversaire, qui venait d'écraser Jourdan, — ces savantes manœuvres et cette prodigieuse retraite qui ont illustré son nom. Au moment où l'armée du Rhin terminait cette rude et glorieuse campagne, le général Bonaparte débutait en Italie, on sait avec quel éclat, et dispersait, en quelques mois, les trois armées autrichiennes qui lui avaient été opposées. L'Europe était dans l'étonnement, et la France, dans son enthousiasme, saluait en lui le génie de la guerre. M. de Richemont avait servi aux bords du Rhin, dans la division de Caën ; attiré par la naissante renommée du jeune général, à qui Dieu réservait de si hautes destinées, il demanda à se rendre en Italie et l'obtint. La Péninsule était alors tranquille ; elle avait besoin de repos après tant d'agitations, après avoir été foulée en tous sens par les armées étrangères qui l'avaient choisie pour leur champ de bataille. Le soulèvement de Rome qui coûta la vie au général Duphot, n'avait été qu'un accident douloureux au milieu de cette trêve générale, que rendit définitive le traité de Campo-Formio. C'est au moment de la signature de cette paix si désirée, que M. de Richemont arriva à Venise. A peine lui fut-il permis de dormir dans l'un des splendides palais du Grand-Canal. Attaché au général Chabot, il se trouva désigné pour faire partie de l'expédition qui allait prendre possession des îles vénitiennes cédées par le traité à la France. Il s'embarqua, le cœur léger, faisant de beaux rêves de gloire, et sentant l'enthousiasme déborder en lui, en longeant ces côtes de la Grèce, en naviguant au milieu de ces îles dont, au collège, il avait appris à répéter les noms harmonieux, et que le génie d'Homère a rendues immortelles. A son arrivée à Corfou, il y trouva le général la Salcette et l'adjudant-général Rose, chef d'état-major du corps expéditionnaire. Mais avant de retracer cette phase si importante de sa vie, quelques mots sur les îles Ioniennes, leur situation, les événements qui avaient précédé sa venue, et l'homme étrange qu'on allait avoir à combattre.

Mme Dora d'Istria a publié tout récemment de curieuses pages sur l'histoire si peu connue et si confuse jusqu'ici des îles Ioniennes, sous les régimes divers auxquels elles ont été soumises, Venise d'abord, la France ensuite, la Russie et enfin le protectorat anglais. Ces pages, si intéressantes d'ailleurs, n'ont qu'un tort, c'est d'être trop succinctes. Mme Dora d'Istria ne fait qu'indiquer, et comme en passant, les années que décrit si en détail M. de Richemont. Ses mémoires, comme je le disais en commençant, sont donc doublement précieux pour nous ; il y a là non seulement un chapitre inédit de la biographie d'un homme de guerre, mais encore un chapitre de l'histoire d'un pays dans ses rapports avec la France (1).

C'était à Corfou que Venise avait son centre d'action ; c'est de là que sa main puissante s'étendait sur l'Albanie et sur la mer qui la baigne. Le provéditeur-général y séjournait. Ce provéditeur était un très-haut personnage, un des membres de cette aristocratie Vénitienne si jalouse de ses priviléges, si dévouée à la grandeur de son pays, et qui, avec les différences naturelles que le temps et les mœurs ont dû apporter, a plus d'un trait de ressemblance avec l'aristocratie anglaise. Malheureusement et trop souvent, comme les proconsuls romains en Afrique et en Sicile, au temps de Verrès, ces gouverneurs venaient s'y enrichir au moyen d'exactions coupables ; la vénalité était admise comme un usage auquel on se gardait bien de manquer. M. Hermann Lunzi, le plus récent historien des Sept-Iles, sous la domination italienne, cite de cette vénalité des exemples où le ridicule le dispute à l'odieux. Leur puissance était sans bornes, et pour en imposer davantage à l'imagination orientale, ils se faisaient rendre une sorte de culte. La politique de Venise, toujours soupçonneuse, consista tout d'abord à tuer l'aristocratie indigène, qui avait de si profondes racines dans le pays ; et pour arriver à son but, elle se déclara investie du droit d'anoblissement. Il y avait

(1) *Revue des Deux-Mondes*, livraison du 15 juillet 1858.

bien un conseil composé de cent cinquante membres, mais son rôle se bornait à remplir des fonctions municipales. Les trois syndics que choisissait le conseil avaient tenté, au début, de prendre leurs fonctions au sérieux, et plus d'une fois s'étaient rendus sur la piazzetta de Saint-Marc pour faire entendre des plaintes ; mais on n'avait pas tardé à trouver ces plaintes importunes, comme un écho malséant de la liberté perdue, et bientôt le titre de syndic n'avait plus donné droit qu'à figurer dans les cérémonies publiques, aussitôt après le dernier noble vénitien. Le conseil avait encore à sa nomination quelques juges, quelques administrateurs, quelques gouverneurs de châteaux-forts ; mais en y regardant de près, on voit que ces fonctions ne donnaient aucun pouvoir à qui les exerçait. Venise retirait d'une main ce qu'elle semblait accorder de l'autre. Quant au clergé, il était également dépendant ; on n'avait pas cru devoir, toujours dans le même intérêt de suprématie, imposer la hiérarchie romaine et l'autorité papale à ces populations helléniques. Le provéditeur-général procédait à l'élection du protopapa de Corfou comme à celle de l'archevêque de Céphalonie. Ainsi, vénalité, exactions, rigueurs et défiances, telle fut la conduite que tint dans la mer Ionienne la célèbre république, jusqu'au moment où, en 1797, les Français, en prenant Venise, laissèrent inachevée, sur la frise du palais de Saint-Marc, la liste des doges, ces glorieux époux de l'Adriatique. Le 27 juin 1797, le général Gentilly occupa les Sept-Iles au nom de la République française. Le traité de Campo-Formio les conserva à la France, qui eut ainsi trois départements de plus dans cet Orient où les croisés des XIIe et XIIIe siècles avaient planté leur drapeau : les départements de la mer Egée, de Corcyre et d'Ithaque.

La France se montrerait-elle plus équitable pour les populations grecques que ne l'avait été Venise? les principes qu'elle proclamait devaient le faire croire. Par malheur, l'esprit anti-religieux du XVIIIe siècle, qui régnait alors, l'anathème dont les stupides législateurs poursuivaient le christianisme, qui a donné la liberté au monde et émancipé les âmes, la rendirent favorable à l'islamisme. De nouveaux ennemis se dressèrent aussitôt devant elle ; elle eut aussi à compter avec une de ces individualités puissantes, mélange d'astuce et de férocité, un de ces véritables tyrans du Moyen-Age, qui devait pendant trente années verser dans ces contrées des flots de sang humain, j'ai nommé Ali, Pacha de Janina. Le général Gentilly se laissa subjuguer, et l'adjudant-général Rose qui fut envoyé vers lui, le trouva portant attachée à sa pelisse de fourrures la cocarde tricolore, et écoutant gravement, couché sur son divan, les strophes de la *Marseillaise* qu'il faisait chanter par ses Arnautes. Rose séduit complétement par Ali, marié par lui à la belle Zoïtza, n'avait rien à refuser à un allié si dévoué, à un si chaud partisan de la démocratie française. Ce qu'il n'avait pu obtenir de Venise, qui eut bientôt deviné ses projets, Ali l'obtint de notre trop confiant et trop naïf envoyé, c'est-à-dire le droit de faire parcourir à sa flotte l'Adriatique. Ce droit était à peine obtenu que l'implacable Pacha livrait aux supplices et à la mort, dans une même journée, les populations chrétiennes des monts Acrocérauniens ; 6,000 malheureux perdirent la vie dans les flammes ou sous le fer d'infâmes bourreaux. A cette nouvelle, les îles Ioniennes jetèrent au ciel un long cri de rage et de douleur, et les représentants français s'aperçurent de la faute qu'ils avaient commise. Il était trop tard. Peu après, le 10 septembre 1708, lorsque la Porte nous déclara la guerre, Ali jetait le masque, faisait charger de fers, sur le divan même où il était assis à ses côtés, le malheureux Rose, et l'envoyait mourir prisonnier à Constantinople.

Telle était la situation des sept îles. M. de Richemont y arrivait au moment où grondaient de sourdes colères, qui ne tardèrent pas à éclater. Il allait, lui aussi, victime des erreurs et de l'imprévoyance du gouvernement français, connaître les rigueurs de la captivité, puis donner, en même temps, la mesure de son énergie, et laisser dans ce coin du monde, dont le courant de la civilisation s'est retiré, le souvenir de son nom qu'on y prononce encore avec respect.

Cependant les premiers temps du séjour furent agréablement remplis ; il y continuait, en quelque sorte, les poètes grecs à la main, ses études un peu oubliées du collége d'Effiat. Il parcourut toutes les îles, écrivant des projets de défense, traçant des plans de fortifications à relever, tout en se laissant bercer par les vers du grand rhapsode. — Zante, Céphalonie, Sainte-Maure, dont les montagnes grises se détachent sur le bleu du ciel, — *Leucatæ nimbosa cacumina* — Paxo et Anti-Paxo, d'une rare fertilité, Ithaque et

Cérigo, pauvres et nues, tout ce groupe enchanté que la vague caresse avec amour, il le traversa dans tous les sens, et il en a rendu, en quelques coups de crayon rapides la physionomie véritable, tant cet éblouissant tableau s'était gravé profondément dans son esprit.

Mais, après ces doux loisirs, les heures mauvaises arrivèrent. Au lieu de concentrer toutes les forces militaires à Corfou, seule place de guerre où une petite garnison pût tenir tête à une armée beaucoup plus considérable, on avait commis la faute impardonnable d'éparpiller les troupes dans toutes les îles de l'archipel; de là les malheurs qui suivirent, et les revers qui nous attendaient. M. de Richemont fut envoyé à Prévesa, petite ville située sur l'un des côtés de l'étroit goulet qui donne entrée dans le célèbre golfe d'Actium; il devait fortifier cette ville de telle sorte qu'elle fût à l'abri d'un coup de main et y attendre l'ennemi. On comptait sur le concours de la population et de quelques bandes sous les ordres d'un condottière nommé Christaki, que le gouverneur avait pris à sa solde ; mais ces troupes inexpérimentées ou mercenaires ne pouvaient être d'aucune utilité ; M. de Richemont le disait ; il eût trop tôt raison. Le matin du 2 brumaire de l'an VII, l'ennemi parut ; il avait 15,000 hommes, une forte cavalerie ; et on ne pouvait lui opposer que quelques centaines de soldats, car la population se tenait à l'écart et Christaki avait disparu avec sa bande. Chacun comprit bientôt que la victoire était impossible et que le courage serait inutile devant une telle disproportion des forces. Il n'y avait plus qu'à bien mourir et on s'y prépara.

La première attaque fut heureuse; trois misérables canons, aux affûts vermoulus, placés sur une hauteur par M. de Richemont, et bien servis par quatre soldats sous ses ordres, prennent en flanc l'ennemi, et le font fuir, en laissant le terrain couvert de ses morts et de ses blessés. Mais Ali et son fils sont là; pâles de colère, ils se jettent au-devant de leurs troupes et les ramènent au combat; les nôtres sont enveloppés de toutes parts, et tombent tour-à-tour comme des épis mûrs. Quinze hommes seulement, ayant à leur tête le général la Salcette, parviennent jusqu'à la redoute. Ce combat de Nicopolis peut compter parmi les plus meurtriers et les plus glorieux que la France ait jamais soutenus. Elle venait d'avoir ses Thermopyles; ses fils, comme ceux de Sparte, étaient morts sans reculer. Qu'était devenu M. de Richemont pendant cet effroyable massacre? Immobile à son poste, il n'avait pas cessé de faire charger et décharger ses trois pièces d'artillerie. Quant à lui, son fusil à l'épaule, il ajustait, dans l'intervalle des coups, celui des assaillants qui se montrait le plus hardi, et l'étendait raide avant qu'il eût gravi l'éminence. Ces décharges successives s'exécutaient avec un calme imperturbable et une précision mathématique. Le petit groupe tenait tête à toute une armée, qui essayait à tout instant de remonter jusqu'à lui, furieuse, hurlante, mais dont les premiers rangs roulaient les uns sur les autres, renversés par la mitraille qui les mutilait. Une lutte aussi inégale ne pouvait durer longtemps; cette masse épouvantée se rallia tout-à-coup, tourna rapidement la position, et vint s'abattre sur M. de Richemont et ses hommes. Ils se regardèrent et se serrèrent la main dans une dernière étreinte, puis ils continuèrent avec le même sang-froid leur œuvre de mort. Les Turcs furent encore une fois refoulés ; vains efforts, héroïsme impuissant ! Trois des quatre canonniers étaient morts sur leurs pièces, et M. de Richemont avait une balle dans l'épaule. Alors, avec le soldat qui lui reste, il se hâte d'enclouer les pièces devenues inutiles, brise les refouloirs et les écouvillons, remplit sa poche de cartouches, et s'élance au hasard, menaçant et terrible, au milieu de ce champ de bataille jonché des cadavres de ses compagnons, dont les têtes sont détachées du tronc. La redoute seule tenait encore, et Ali-Pacha courait à la tête de sa cavalerie pour couper la retraite et empêcher l'embarquement de cette poignée de braves. Lui, le fusil armé et prêt à tirer, comme un chasseur à l'affût, il s'en va toujours, enjambant les morts et sans trop savoir quelle route il doit suivre. Deux cavaliers le chargent ; il les laisse arriver, abat l'un d'une balle, perce l'autre de sa baïonnette, et continue son chemin vers la redoute déjà cernée. Quatre cavaliers l'aperçoivent, et courent de nouveau sur lui, séparés les uns des autres par quelques centaines de pas ; il les abat tour-à-tour. Mais ces coups de feu successifs ont attiré l'attention. Vingt-cinq Arnautes arrivent de toute la vitesse de leurs chevaux et comme un tourbillon ; il fallait en finir avec cet homme qui semblait invulnérable, pareil à ces demi-dieux de l'Iliade, à ces héros du Tasse, dont le glaive rougi moissonne sans relâche, et qui se font une ceinture de morts. M. de Richemont s'adosse à un ancien aqueduc en ruines, prend son fusil à deux mains et se prépare à soutenir le choc de ses nombreux assaillants. C'était la mort qui venait, car tout espoir de salut était enfin perdu. Les visages aimés de tous les siens passèrent alors dans son esprit comme une vision rapide ; il ferma les yeux un instant dans une suprême angoisse, puis les rouvrit et poussa un rugissement de lion. Les vingt-cinq hommes l'entouraient, déchargeant sur lui leurs carabines, levant en l'air leurs kandjiars et s'efforçant de l'atteindre. La baïonnette en avant, il tenait en respect cette meute acharnée. Cependant deux nouvelles balles l'ont atteint, l'une à la hanche, l'autre à la cuisse ; une troisième siffle et lui déchire l'oreille gauche ; son habit et son chapeau sont criblés. Le drame touchait à la dernière scène, et le sacrifice allait être consommé. Il veut avant de mourir frapper un dernier coup et choisir sa victime. Un peu au-delà des premiers rangs, un cavalier se faisait remarquer par son costume éclatant, et à ses côtés on voyait un jeune Albanais portant des armes d'une grande richesse. M. de Richemont vise, le cavalier tombe, et le jeune Albanais est touché. A peine le coup est-il parti, à peine la fumée est-elle dissipée, que la meute bondit en avant ; le blessé la contient encore avec sa baïonnette et se retourne avec une agilité singulière pour faire face de tous côtés. En cet instant ses forces sont décuplées, une incroyable surexcitation nerveuse s'empare de lui et le transfigure ; il est superbe d'audace et d'intelligence. Un nouveau cavalier se détache du groupe, son cheval se cabre ; M. de Richemont, qui croit percer l'homme, plonge sa baïonnette dans la tête du cheval; il veut la retirer, mais elle se détache du fusil, et la victime l'emporte. Il est désarmé; un coup de pistolet et deux coups de sabre l'étendent par terre. A travers le sang qui inonde sa figure et coule dans ses yeux, il voit un homme se pencher vers lui pour lui couper la tête, lorsque le jeune Albanais qu'il a atteint quelques instants auparavant, pousse son cheval et donne un ordre. Les plus acharnés s'écartent, on le relève et on le conduit prisonnier au camp. Ce n'est pas sans mille dangers qu'il y arrive; la redoute qui tenait toujours envoyait à droite et à gauche ses dernières volées de mitraille, et ses guides le frappent avec fureur du pommeau de leurs sabres. Parvenu où on le conduit, les soldats turcs veulent le massacrer, mais pour la seconde fois, — car ici la réalité a toutes les allures du roman, et l'imagination la plus hardie ne saurait inventer des péripéties aussi poignantes, — pour la seconde fois, le jeune Albanais arrive et fait tomber l'arme déjà levée. C'était Mouctar-Pacha, le fils loyal de la bête fauve de Janina. Cette lutte étrange d'un seul homme contre tant d'ennemis l'avait rempli d'une profonde admiration. Il n'avait pas les instincts du meurtre comme son père; soldat, il avait tressailli au spectacle d'un tel héroïsme, et donné la vie à celui qu'on allait assassiner. Pouqueville, qui a recueilli les chants de la Grèce moderne, et dont le livre, lorsque la guerre de l'Indépendance éclata, eut un si grand retentissement, a entendu, le soir, les rudes Palicares raconter autour des feux du bivouac cet épisode merveilleux de la vie de notre compatriote, et lord Byron, on le sait, a retracé de son côté, dans quelques strophes d'un grand souffle, l'aventureuse jeunesse de cet intrépide soldat de la France. Devenir le héros des légendes populaires d'un pays lointain, entendre son nom retentir sur la lyre des poètes immortels, où serait donc la gloire, si elle n'était là !

La mort n'avait pas voulu de M. de Richemont. Traité avec distinction par Mouctar-Pacha, qui lui envoya son chirurgien pour le panser, et une bourse pleine d'or en le quittant, il fut dirigé bientôt sur Constantinople, au cœur de l'hiver et par un froid très-vif. Il connut alors toutes les souffrances et toutes les humiliations que contient l'anathème prononcé sur les vaincus par le vieux Gaulois notre ancêtre. Arrivé à Constantinople, après avoir été, ainsi que le général la Salcette et l'adjudant-général Rose, promené par la ville au milieu des imprécations d'une lâche populace, il fut enfermé à l'arsenal. Tansféré plus tard aux Sept-Tours, où il retrouva ses anciens compagnons d'armes et les nombreux Français arrêtés à Constantinople à l'époque de la déclaration de guerre, il y resta dix-huit mois, et n'en sortit qu'après Marengo.

Mais, pendant ce temps, que d'éclatantes tragédies s'étaient jouées en Europe, et quels étonnants acteurs avaient occupé la scène ! L'Italie avait été arrachée à l'Autriche, la Suisse à Suwarow; le vainqueur des Pyramides était accouru du fond de l'Egypte pour écrire la date solennelle de sa vie : le 18 brumaire. A peine de retour, M. de Richemont, remis de ses blessures, apprit qu'une expédition dans l'Inde était décidée et que le général de Caën l'avait demandé comme son chef de génie. La paix d'Amiens venait d'être pro-

clamée; on devait la croire durable. En s'embarquant
à Brest, en 1802, pour le Cap, Pondichéry, le golfe du
Bengale, Sumatra, Java et l'Ile-de-France, il lui semblait courir au devant de la fortune, toujours prête,
dit-on, à se livrer aux audacieux; mais son attente fut
trompée. La reprise si prompte des hostilités laissait
en Europe le champ libre aux plus hautes ambitions;
quitter l'ancien monde, c'était aller chercher l'oubli.
Et cependant, là encore, si loin de la mère-patrie, il la
faisait respecter, travaillait pour elle, et rendait chaque
jour, comme ingénieur militaire, d'éminents services,
que le nouvel empereur récompensait par la décoration de la Légion-d'Honneur. De nombreuses pages
des Mémoires sont consacrées à la description du Cap
et de l'Ile-de-France. Malgré tout ce qui a été publié
depuis, aujourd'hui surtout que les communications
sont si sûres et si rapides, les récits de M. de Richemont ont gardé tout leur intérêt et se lisent avec plaisir. Ces continuels et fréquents voyages, ces travaux
assidus, cet ardent climat qui use si vite les tempéraments même les plus robustes, tout cela avait ébranlé
sa santé; il dut songer à retourner en France, et
vers le commencement de mai 1807, prenant passage
sur un bâtiment brémois, l'*Atalanta*, il quitta, avec un
sentiment de regret, le port hospitalier de l'Ile-de-France. Avait-il le vague pressentiment du sort qui
l'attendait au-delà des mers des Indes, sur les flots
de l'Atlantique? Un matin, une voile se montre à
l'horizon; le capitaine de l'*Atalanta*, rassuré par la
neutralité de son bâtiment, ne croit pas nécessaire de
se détourner de sa route; d'ailleurs, l'eût-il voulu, la

fuite eût été impossible. Le navire anglais qui le poursuivait et qui arrivait de la pêche à la baleine, au sud de l'Australie, était bon marcheur et était armé de seize caronades. Il ne fallait pas songer à se défendre. Le capitaine anglais fit passer à son bord M. de Richemont, et lui déclara qu'il était son prisonnier. Relâchant ensuite à Sainte-Hélène, il le remit à une frégate de sa nation, qui retournait en Europe et se rendait directement à Portsmouth.

M. de Richemont a passé près de deux années prisonnier en Angleterre, à Chesterfield, dans le Derbyshire, qui lui fut assigné pour résidence. Longue et pénible attente pour un cœur aussi ardent que le sien, si on songe que pendant son inaction forcée l'Empire se fondait, et que d'autres, plus heureux, contribuaient à ces victoires qui épouvantaient et domptaient l'Europe! Malgré son vif désir de reprendre son épée, il avait trop le sentiment de sa dignité, il était trop bon gardien de son honneur, pour tromper la confiance qu'on avait en lui. Une circonstance imprévue lui permit de recouvrer la liberté, et il ne laissa pas échapper l'occasion. Parcourant un matin le journal, il y lut que le colonel Crawford, prisonnier sur parole à Verdun, s'était échappé, et que le jury auquel il avait soumis sa conduite, à son arrivée en Angleterre, l'avait approuvée, se fondant sur ceci, « qu'il avait été arrêté contre le droit des gens. » Avec combien plus de raison pouvait-on le dire de M. de Richemont, puisque la haute cour de l'Amirauté avait constaté la neutralité du bâtiment qui le portait. Son parti fut pris aussitôt; il écrivit une lettre où il prévenait le ministère anglais de sa détermination et exposait ses motifs ; il la jeta à la poste, et se dirigea immédiatement de Chesterfield sur Londres. Dix jours après, échappant à toutes les recherches, il se jetait à Folkstone, dans une petite barque conduite par deux vigoureux matelots, et touchait en quelques heures la plage française, dans le petit port de Vimereux. A force d'audace et de présence d'esprit, il avait surmonté tous les obstacles. Il était libre (1).

Huit années s'étaient écoulées depuis qu'il avait quitté la France ; et s'il la retrouvait glorieuse et respectée entre toutes les nations, et se sentait à ce spectacle rempli d'une satisfaction profonde, que de causes aussi de tristesse pour son âme aimante, en songeant aux vides nombreux qui s'étaient faits dans sa famille ! La mort était entrée dans la maison paternelle et avait frappé sans pitié. « O saintes joies des familles unies, » s'écriait-il au retour, après ses premières campagnes des bords du Rhin, sous Moreau ; aujourd'hui, la joie s'était changée en deuil. Son père était mort ; un de ses frères, lieutenant de dragons, était tombé sur un champ de bataille, en Espagne, percé de quatorze coups de lance ; son frère aîné, Concise, avait été atteint, en soignant des prisonniers de guerre, d'une maladie contagieuse qui l'avait emporté dans toute la

---

(1) On trouve une situation analogue, la même loyauté, dans les *Souvenirs d'un amiral*, publiés il y a quelques mois, par M. Julien La Gravière. Le ministre Decrès ne pensait pas qu'on dût se montrer aussi scrupuleux envers l'Angleterre, qui observait si mal les traités passés avec nous

force de l'âge; son autre frère, Petit-Bord, colonel comme lui, et nommé baron de l'Empire, après Wagram, allait bientôt tomber à Leipzig. Sa mère et ses sœurs l'accueillirent en pleurant; on pensait à ceux qui n'étaient plus là et dont les bras se seraient fermés sur lui avec tant d'amour!

M. de Richemont avait mis à profit son exil en Angleterre et les loisirs que lui faisait sa capricieuse destinée. Il avait composé plusieurs mémoires : sur *l'Interdiction du Continent au commerce anglais*, sur *un projet de descente en Angleterre et d'expédition dans l'Inde*. Ces mémoires, mis sous les yeux de l'Empereur, appelèrent son attention sur leur auteur, et le firent attacher au comité des fortifications. A la fin de mars 1811, il partait pour Dantzig, chargé de l'ensemble des travaux entrepris dans cette place, et qui la reliaient à celle de Weischelmünde. Les fortifications actuelles de Dantzig, dont les hommes du métier connaissent toute l'importance, sont donc l'œuvre du général. Traversant cette ville pour se rendre en Russie, Napoléon vit ces immenses travaux, et accueillit M. de Richemont comme il méritait de l'être, le retenant plusieurs heures chaque jour dans son cabinet, et l'interrogeant. Il avait créé la place de Dantzig, il fut chargé de la défendre. Cette défense, ne l'oublions pas, a été un des beaux faits d'armes de l'Empire (1).

(1) On peut lire sur le siège de Dantzig, dans la *Biographie universelle*, l'article consacré au général Rapp, et *la Relation du siège de Dantzig*, par M. le général d'Artois. Ces deux écrivains ont loyalement accordé à M. de Richemont la part qui lui revient.

On sait ce qu'il advint de la capitulation et comment elle fut violée. M. de Richemont, envoyé en Saxe, n'y resta que peu de temps ; l'entrée des armées alliées dans Paris lui rendit la liberté.

C'est au départ pour Dantzig, en 1811, que s'arrêtent les *Mémoires*, dont il a entrepris la rédaction si tard. Il n'a pu aller plus loin ; la mort a brisé sa plume. Essayons de raconter ce qu'il n'a pas eu le temps de dire, et terminons le livre interrompu, en nous aidant de quelques lettres écrites par lui, et qu'un de ses anciens amis veut bien nous confier.

Pendant qu'il défendait si courageusement Dantzig, l'Empereur l'avait nommé général ; la Restauration, qui voulait dès le début se rattacher l'armée, lui envoya le brevet qui n'avait pu lui parvenir alors, et lui confia le commandement de Saint-Cyr. Un brillant avenir semblait lui être réservé ; mais, en 1815, M. de Richemont qui pendant les Cent-jours avait été attaché au deuxième corps d'armée, fut mis à la retraite : sa carrière militaire était terminée.

Fatigué de tant d'agitations, de changements si subits dont il ressentait le contre-coup, il fut pris d'un immense besoin de repos. Peut-être aussi, un peu de misanthropie se mêlait-elle à cette défaillance morale. Il y avait assurément au fond de ce cœur si loyal, un profond dégoût pour toutes les perfidies, les manques de foi, les bassesses que traînent à leur suite, comme un impur limon, les révolutions triomphantes. Il vint demander refuge à un ami des anciens jours, et loua à quelques pas de chez lui une autre habitation qu'il possédait, nommée Banassat, dans un site très-pittoresque du canton de Chantelle, sur la lisière des bois, dominant la petite rivière de la Bouble. Il s'y enferma comme dans un lieu d'asile, et y demeura de 1815 à 1827, sans interruption, à l'exception de quelques voyages à Paris, tout entier à la chasse qu'il aimait avec passion.

Cette inaction lui pesait ; aussi accepta-t-il aux élections de 1827, sous le ministère de M. de Villèle, le mandat de député. L'offre d'un commandement et d'une indemnité considérable proportionnée aux pertes qu'il avait subies, s'il consentait à retirer sa candidature, ne put que l'engager à persister, et il alla s'asseoir sur les bancs de l'opposition. Cependant, son caractère généreux avait apporté un certain désordre dans ses affaires. Il fit faire alors par un ami commun, M. de Tracy, des démarches auprès de M. Laffitte, son collègue à la Chambre, pour qu'il lui trouvât un emploi dans quelque agence. Il voulait ainsi liquider le passé, et assurer, après lui, à sa femme, des moyens d'existence, éprouvant une invincible répugnance à s'adresser au Gouvernement (1). Dans toutes ses lettres, on le voit occupé à rendre service à ceux qui invoquent son appui, et à qui, coutume trop ordinaire, il ne se borne pas à adresser des phrases banales et d'inutiles promesses. J'y rencontre quelques détails politiques que je note en passant :

Dans une lettre de 1828, il écrit : — « Aujourd'hui, nous allons nous occuper de présenter les cinq candidats à la présidence; je suppose qu'on fera des

(1) Lettre du 27 août 1827.

efforts pour écarter M. Ravez qui, dans la circonstance, serait considéré comme l'étendard du ministère déchu. Les opérations provisoires de la Chambre ont dû prouver que la gauche n'a point encore la majorité. Si les nominations qui doivent se faire pour remplacer les doubles élections nous donnaient une trentaine de membres en plus, je crois que nous approcherions tellement que nous finirions par l'obtenir, car la Chambre présente un parti flottant et incertain, qui paraît avoir plus d'affinité avec nous qu'avec toute autre opinion. Je pense que le ministère doit avoir de l'inquiétude sur l'appui que lui présentera la Chambre ; rien encore n'a témoigné des forces sur lesquelles il peut compter. *Si, de bonne foi, il veut essayer des forces constitutionnelles*, c'est de nous qu'il peut espérer le soutien le plus efficace. — Je siége derrière Laffitte, Gérard, Etienne.— La tribune a bien des dangers pour les novices ; je ne sais si je me déciderai à l'aborder. J'aurai de la peine à me résigner à un silence absolu ; cependant je combattrai longtemps avant de triompher d'une timidité justifiée jusqu'à un certain point par le sentiment d'une grande infériorité, si on prend pour terme de comparaison les orateurs de la Chambre. Il est vrai qu'il y a tant de gens médiocres qui s'y présentent avec une espèce d'effronterie, qu'il ne faut désespérer de rien. » — J'ai cité le passage tout entier, sans en rien retrancher, parce qu'il peint le rôle du général et la situation critique où se trouvait le pays, presque à la veille de 1830. On ne s'entendait déjà plus, et les petits journaux irritaient chaque matin les passions ennemies ; les refrains moqueurs couraient les rues et se répétaient dans les salons et les ateliers. Les hommes, comme le général, tristes symptômes du temps, en étaient arrivés à ne plus guère croire à la bonne foi du Gouvernement. L'opposition grandissait d'heure en heure ; elle allait être toute puissante dans la chambre. Aux yeux de tous les hommes sensés, de tous ceux qui, avec terreur ou avec une joie secrète, interrogeaient l'avenir, une crise était imminente, et qu'en sortirait-il ? — Deux ans après, la société française marchait de nouveau au milieu des tempêtes, achetant par des émeutes sanglantes, par des tentatives d'assassinat sans cesse renouvelées, le repos que de nouveaux hommes d'Etat, assis courageusement au gouvernail, essayaient de lui donner. Il siége à côté de M. Laffitte et de Gérard ; on a là tout son programme. Ce n'est pas un ennemi implacable c'est un adversaire peut-être, mais qui regrette la voie où l'on s'engage et qui le témoigne par ses votes.

Au milieu de cette fournaise ardente de la politique, où il se plongeait chaque jour plus avant, il lui reprenait comme des bouffées de regrets et de vagues tristesses, en songeant à sa liberté perdue et à son calme Banassat. — « Vous avez fait une Saint-Hubert brillante, écrit-il en 1829 ; force sangliers, un loup, etc. — J'ai bien regretté d'avoir été obligé de passer une année sans chasser ; j'espère bien qu'il n'en sera pas de même de la prochaine. Tout ce qui me rappelle Banassat m'intéresse vivement ». — Cependant la gêne, les embarras de toutes sortes ne cessaient pas. Ce qu'il obtenait pour tant d'autres, dont plus d'un peut-être n'avait que des titres assez médiocres à faire valoir, il ne voulait

— 15 —

pour rien au monde le demander en sa faveur. — « Merci, écrit-il à la même date, de l'intérêt que tu portes au pauvre diable; il faudra bien qu'il renonce à l'honneur de la députation. Ici comme ailleurs, la fumée, quelque parfumée qu'elle soit n'engraisse personne, paie mal les loyers, et n'abrite ni du froid ni de la pluie : mais comment concilier des choses de leur nature inconciliables! « L'avenir s'assombrissait de plus en plus et les partis étaient en armes. A la fin de décembre 1829, une brochure avait paru, intitulée : *Du refus des subsides,* et niant à la chambre élective le droit que l'opposition affirmait lui appartenir. M. de Richemont prit la plume et y répondit. Six mois s'écoulent et la révolution est faite. — « Le coup d'Etat a éclaté, la Chambre est dissoute, la révolution *recommence* » (1). Puis, quelques jours après : (2) — « Paris est tranquille. Les régiments ont fait leur soumission. Les gardes nationales se sont organisées spontanément. Le roi et sa famille se sont embarqués à Cherbourg pour les *Etats-Unis.* Alors va commencer la haute mission de la chambre; j'espère qu'elle ne restera point au-dessous de ses devoirs et de ce que la France attend d'elle. Jamais occasion aussi favorable ne s'est présentée à aucun peuple pour se donner et fonder le gouvernement qui lui convient le mieux. » Et plus loin : « Je n'ai rien demandé et répugne à toute démarche. » Combien d'autres, sans avoir autant de droits, n'imitaient pas cette austérité ; de ceux-là pour

(1) Lettre du 28 juillet 1830.
(2) Lettre du 6 août 1830.

qui le poète des *Iambes* écrivait sa *Curée*. Il n'avait rien demandé et se tenait à l'écart ; mais sa position était trop marquée pour qu'on l'oubliât, et le gouvernement d'alors le nomma gouverneur de l'école militaire de Saint-Cyr. Cependant, d'un autre côté, il était attaqué comme modéré par ceux qui voulaient aller plus loin et que l'établissement de 1830 ne satisfaisait pas. La société *Aide-toi le Ciel t'aidera* le maltraita dans son compte-rendu de la session de 1831. Il répondit dans le *Journal des Débats* (1). — La Société répliqua dans la tribune, le 10 août, anniversaire de l'inauguration du nouveau règne. Il répondit à son tour dans le même journal ; il le fit avec convenance et dignité, et l'affaire en resta là. Les passions déchaînées ne respectaient pas même les plus dignes. Les élections de 1834 le renvoyèrent à la chambre. Il avait eu pour concurrent M. Tourret, concurrent fort honorable et fort estimé d'ailleurs, et dont la révolution de 1848 devait faire, quatorze ans plus tard, un ministre de l'agriculture. Il triompha. Mais déjà le dégout de cette vie politique, pleine d'embûches et de calomnies, s'était emparé de lui. En annonçant son succès à un ami, il terminait ainsi (2) : « C'est la dernière fois que je me serai mis sur les rangs, quels que soient les concurrents nouveaux et quelle que soit ma position, je ne veux plus rentrer en lice. *J'ai terminé ma carrière électorale.* Je pars demain pour Nassigny. » Mais qu'on ne voie pas là un simple accès de mauvaise humeur, en

(1) *Journal des Débats*, 30 et 31 juillet 1831.
(2) Lettre du 2 juillet 1834.

présence de quelques défections qui blessent le cœur, d'un succès péniblement obtenu; M. de Richemont a tenu parole. Sa position cependant devenait de plus en plus mauvaise; il laisse échapper les tristesses de son âme et ses pénibles appréhensions pour l'avenir, dans les lignes suivantes, écrites en 1836 (1) : « — J'aurai passé ma vie au service de mon pays, soit à l'armée, soit dans les affaires publiques, et cela pour atteindre à la misère, sans que j'aie à me reprocher ni mauvaise conduite ni dissipations inconsidérées. Ma captivité en Turquie et en Angleterre, ma spoliation au retour de l'Inde, une créance de 5,000 piastres fortes qui s'est évanouie par la mort de mon débiteur, armateur pour le commerce avec Madagascar, voilà la cause de ma ruine. Je ne sais pas ce que l'avenir me réserve, je suis arrivé à un âge où les espérances ne sont plus permises. Ce n'est pas sans terreur que j'envisage le sort qui peut être réservé à ma femme après moi. » Ainsi écrivait cet homme qui, pendant son séjour à Dantzig, avait versé dans la caisse du trésor 900,000 francs qu'un change de monnaies lui avait permis de réaliser. Qu'on ne nous blâme pas de livrer le secret de sa pauvreté, car cette pauvreté l'honore et le rend digne de tous nos respects!

En 1835, étant venu à Montmarault pour les élections, il ne voulut pas partir sans voir Banassat; il trouvait là tout son passé d'oubli et de solitude profonde. On l'avait sollicité de se rendre aux élections, mais il n'avait pas hésité à se désister de toute pré-

(1) Lettre du 26 avril 1836

tention. M. Tourret avait été nommé ; cela devait être ; le général étant le seul qu'on aurait pu lui opposer avec succès. Le gouvernement avait été battu ; son candidat, comme l'avait prévu M. de Richemont, avait échoué.

Mais à quoi bon remuer cette cendre froide, ces passions aujourd'hui éteintes, toutes ces jalousies, toutes ces rancunes, toutes ces haines, que le temps et une autre révolution ont emportées ?

Si nous avons parcouru avec attention les lettres dont on vient de lire des fragments, c'est qu'elles sont, pour ainsi dire, la confession intime du général ; ses souffrances, ses inquiétudes, ses opinions politiques, tout est là. Il estimait M. Tourret et condamnait ses opinions. — « M. Tourret, disait-il, est très-certainement un homme de capacité et de cœur, mais il est trop engagé envers son parti pour reculer, et il persiste. » Le libéral de 1828 était devenu conservateur, et croyait que la France ne devait pas marcher plus avant dans la voie périlleuse où elle s'engageait.

La vieillesse arriva. Il avait fait sa tâche. En 1836, il avait publié de curieuses observations sur les fortifications de Paris. En 1840, un travail sur la question d'Orient et le traité de Londres du 15 juillet, eut un certain retentissement parmi les hommes politiques. En 1848, au plus fort de la tourmente révolutionnaire, il prit encore la plume pour tracer quelques pages pleines d'une haute raison sur la politique intérieure. Le décret de décembre 1852 le replaça dans la 2me Section du cadre de l'état-major. Il y avait bientôt soixante ans qu'il servait son pays avec une ardeur qui ne s'était jamais refroidie et un dévouement sans bornes. L'année suivante, comme s'il eût senti que la vie allait l'abandonner, il voulut revoir le lieu où il était né. Au milieu des fils et petits-fils de ses sœurs, — sa génération à lui avait disparu tout entière ! — il traversa une dernière fois cette petite ville de Montmarault qui lui rappelait tant de souvenirs si pénibles et si charmants tout à la fois. Deux mois après, le 22 août 1853, il s'éteignit à *la Montée*, plein de confiance en la bonté de Dieu. Il était âgé de quatre-vingt-trois ans.

Il est bon de ne pas laisser des existences si noblement dépensées, disparaître en silence et sous le poids de l'indifférence contemporaine. Elles sont une utile leçon pour la génération qui leur succède, un honneur pour le pays où elles se sont produites.

EUG. DE MONTLAUR.